GAÏA

Lou Valérie Vernet

GAÏA

Récit de Voyage

Paru sous le titre « Le Rire du Monde »
Editions La Trace. 2018.

© 2024, Lou Valérie Vernet
Édition : BoD • Books on Demand GmbH, In de
Tarpen 42, 22848 Norderstedt (Allemagne)
Impression : Libri Plureos GmbH, Friedensallee
273, 22763 Hamburg (Allemagne)
ISBN : 978-2-3225-5618-2

Dépôt légal : Août 2024

À Olivier, Marie-Laure et Julie
Qui m'avez offert l'horizon…

À la mémoire de J.P,
Mon compagnon de cordée.

À Antoni,
À mes filleuls,
Et à tous les enfants du monde.

Rester, c'est exister.
Voyager, c'est vivre.
Gustave Nadaud

Le monde est un livre,
Ouvrons-le.

Anonyme.

Guide de voyage

Chers lecteurs,

Amis des chemins, des roches, des bois, des déserts, des montagnes, du vivant et des paysages naturels où qu'ils se trouvent…
Bienvenue !
J'ai construit ce livre à l'image d'un cairn.

Vous savez, ces monticules de pierres que l'on trouve sur les sentiers de randonnées. Placés à dessein pour marquer un lieu particulier, baliser un endroit, honorer un sommet, ils sont pour le randonneur, (trekkeur, alpiniste) comme des points d'étape qui préfigurent le voyage accompli et restant à accomplir.

On les appelait autrefois des montjoies. C'est un terme polysémique mais ici, je l'utiliserai au sens littéral : des Monts de Joie.

Les miens. À moi. Oui je la joue perso mais vous les offre en partage.

Glanés depuis plus de 25 ans, fabriqués à l'aide de souvenirs, anecdotes, expériences, ressentis, ils ont formé un cairn géant qui raconte mon amour du voyage.

Pierre après pierre, pays après pays, au fil des rencontres, des échecs et des réussites. Tout ce qu'il m'a fallu traverser pour en ériger son vaniteux équilibre.

En ne gardant, toujours et encore, au fond des yeux, du cœur et de l'âme, que sa plus belle récompense :

Ces instants bénis où chaque souffrance endurée, chaque sueur perlée, chaque pas accompli ouvrent sur la rencontre. Avec soi bien évidemment mais aussi l'autre, cet étranger, ce galopin hors frontière.

Mon cairn personnel s'est bâti ainsi.

Avec des liens noués en un temps record, des milliers de sourires spontanés, de rires partagés, de complicité affranchie.

Il s'agit là d'expériences qui nous unissent tous.

Nous les voyageurs lambda, trekkeurs amateurs, pèlerins anonymes, amoureux des GR, passionnés d'ailleurs, curieux des différences, qui n'avons jamais commis d'autres exploits qu'oser suivre tous les rus du monde en espérant y épancher notre soif de découverte.

Nos noms ne figurent sur aucun palmarès, dans aucun livre de records, sur aucune plaque commémorative et pourtant nous sommes des milliers chaque année à oser franchir la barrière qui nous sépare de l'autre.

A s'aventurer sur des terres que d'aucuns trouveraient inhospitalières.

Ce récit composé de fragments (autant de petites et grandes pierres pour édifier un cairn) témoigne que la route est ouverte, encore possible et qu'il y aura toujours de la place pour qui veut rejoindre l'aventure.

Fragments 1 à 11

La base du cairn

1/ Top 10 du nomade

Vous êtes un brin curieux, militant écolo, rêveur et /ou sportif. Vous sautez toujours sur la bonne occasion ou aimez les défis.

Vous souhaitez faire des rencontres, manger différemment. Vous avez besoin d'air ou seulement d'apprendre une nouvelle langue. Aucune recette. Aucun dosage. Une seule bonne réponse et vous êtes prêt au départ.

À noter pour mémoire :

Choses qui font le voyage

L'envie de partir dans l'idée
Qu'on puisse tout de même revenir.

Un sac d'essentiel, une brosse à dents,
Peut-être quelqu'un qui vous attend.

La curiosité du chemin,
De bonnes chaussures et du pain.

L'hypothèse d'un ailleurs
Où se croise un monde meilleur.

Sans doute une pointe de rêve
Avant que tout s'achève.

Suffit de marcher…

2/ Marcher

Ou encore cheminer, circuler, se promener, se rendre, avancer, déambuler, errer, flâner, arpenter, trainer, balader, clopiner, crapahuter, trotter, vagabonder, trottiner, naviguer, rôder, se déplacer, arquer, enjamber, baguenauder, rouler, se mouvoir, piétiner, faire route… et même ramper, glisser, faire de la Joëlette…

Autant de verbes auxquels notre verticalité s'arrime d'effort à aller vers…

Pour les plus hardis, trekker reste certainement le mot le plus usité. Peut-être parce qu'il résume à lui seul tous les espoirs, les rêves, les horizons que nous, bipèdes aventureux, espérons entrevoir

Et qu'il contient intrinsèquement le prix à payer : des torrents de sueur, de fatigue, de mauvais sommeil, d'endurance, de plaies, de bosses, d'échecs, de larmes, de risques, de dangers aussi parfois…

Certainement le terreau primaire, essentiel, constitutif de notre appétence au voyage.

Hors frontière.

3/ Frontière

Amman, Amsterdam, Athènes, Bamako, Buenos Aires, Le Caire, Katmandou, Sri Jayawardenapura, Erevan, Lisbonne, Madrid, Nairobi, Nouakchott, Ottawa, Quito, Oslo, Bergen, Londres, Rome, Tripoli, Tunis, La Valette, Varsovie, Vienne, Saint-Denis, Rabat…

Pouvoir un jour, se dire, j'y suis allée, en vrai.

Non, ce n'est plus un point sur une carte, un apprentissage fastidieux en cours de géographie, un JT de 20h, de vains clichés saturés de peur.

Oui je sais où ça se trouve, vraiment.

Restent alors ancrés pour toujours, des paysages, des odeurs, des visages, des goûts, des rencontres, des soleils. Des rires, des larmes, des partages qui tous m'ont convaincue que la Vie, elle, n'a aucune frontière.

Croyez-le, ou pas, de l'autre côté des lignes géopolitiques habitent des humains.

Il suffit d'en faire le test.

4/ Test

Je me souviens que mon premier séjour à l'étranger m'emmena en Angleterre. J'avais 18 ans. J'avais fait le pari de tenir neuf mois en tant que fille au pair. Ce fut un fiasco total. J'en suis revenue au bout de trois, bouffie de dix kilos supplémentaires et d'un dégout profond pour la langue. Ainsi que pour les petits pois. Crus.

Si j'avais dû m'en tenir à cette expérience, jamais je n'aurais retenté l'aventure de partir à l'étranger. Et pourtant depuis, j'ai traversé d'autres pays, expérimenté d'autres cultures.

Rester sur un échec, c'est inviter les prochains à se renouveler.

Un conseil : essayer encore. Autrement.

5/Autrement

Mon second grand départ, je le fis à 23 ans.
Destination : la France. Toute la France.

Un périple de plusieurs mois où il était question de zigzaguer mon cher pays, nez au vent, guitare à la main. Genre rebelle tendance soixante-huitard.

Adoubé à mes envies, un duo de choc : mon ami Bruno et son fidèle destrier, Aliboron. Un superbe âne du Poitou. Un mâle d'environ 1.40 m au garrot. Une robe uniformément bai brun foncé, presque noire, avec le contour des yeux, le nez, le museau argenté bordé d'une auréole rougeâtre. Des poils longs, épais, tout entremêlés. Une tête longue et grosse. Et le caractère bien têtu de son espèce.

Pour tout bagage, un bât de fortune, nos sacs à dos et la touchante naïveté de nos ambitions. Aucun des trois n'étant entrainé ni préparé d'aucune sorte à cheminer ainsi.

Il avait suffi d'une envie ou peut-être d'un besoin. Casser la gueule au monde et à son absurde façon de tourner. 33 ans après, je ne suis pas loin de penser encore la même chose. D'autant plus en ayant visité une trentaine de pays (ce qui est peu en soi, je le confesse) et en être revenue totalement « jetlaguée » de notre système de penser, travailler et appréhender le monde.

Mais revenons au sujet qui nous préoccupe. Partir faire le tour de France.

Top départ un joli mois d'été, en plein cagnard corrézien. Non ça n'évite pas la pluie et même cela garantit de sérieux orages. Une petite vingtaine de kilomètres par jour, quand Monsieur Aliboron veut bien s'en donner la peine. Des nuits sous tente à regarder pousser les étoiles. Des douches sauvages quand nous croisions un ruisseau et un peu moins quand nous nous offrions le luxe d'un camping. Des diners en forme de soupe le plus souvent (poids oblige et jeunesse fauchée itou), agrémentés de vermicelle.

Quel régal !

Et je dis vrai.

Assez vite on se contente de peu et même ce peu devient un nectar tant la faim est grande après une journée de marche au grand air.

L'esprit de liberté se nourrit alors du paysage, de l'activité journalière et du soleil qui renait après l'averse. Aucun autre besoin, ici l'essentiel reprend ses droits et la magie du chemin fait le reste. Collonges la Rouge en tête !

Seul bémol, quand notre ami Aliboron trouve plus intéressant de fourrager en chemin que de porter le bât. Quand son envie de détente braie à gogo, la bandaison exponentielle et que toutes nos pauses deviennent les siennes. Bien plus souvent qu'il ne le faudrait. Pourtant, jour après jour, nous comptabilisons les kilomètres en nous éloignant de notre point de départ. Ce qui n'est déjà pas si mal.

Au bout de soixante jours, le rythme est pris. Le pari fou devient réalité.

A l'époque, les téléphones portables n'existent pas. La déconnexion est totale.

Excepté quelquefois pour nos proches.

Comme ce 7 juillet 1991 où j'apprendrai la mort de mon père.

Fin du périple.

Jambes coupées, je rentre à Paris.

Ma jeunesse est entière, ne sait pas encore que le deuil fait partie du cairn.

Si j'avais su alors qu'il me faudrait plus de 10 ans pour reprendre le voyage, est-ce que je serais rentrée ?

J'en doute, aujourd'hui.

Quand une existence s'interrompe, et sauf si c'est la vôtre, notre devoir à nous les vivants est de la continuer.

Aussi, la vie est maline. Au fond de moi, elle a planté une graine. Je ne le sais pas encore mais j'ai trouvé ma façon de voyager. Bye bye l'Angleterre ou les quelques séjours grappillés à faire la crêpe sur une plage.

Tant pis pour ce gros caillou dans ma chaussure. Oust ce gravillon anglais.

C'est aussi cela un cairn. On n'en choisit pas toutes les pierres.

Si les prochaines années me croiseront errante sans jamais trop m'éloigner, la semence est tenace.

Et grandit à mon insu.

Patiente. En attente.

Il existe toujours une autre occasion de rebondir…

6/ Rebondir

Très bon pour la santé le rebond mais plutôt malaisé en raquettes à neige. Cependant, à qui sait surfer le temps et ses déconvenues, nul obstacle infranchissable. Surtout quand le soleil survient un matin d'hiver.

Une aube salvatrice s'ouvre par l'entremise d'amis m'invitant à fêter le jour de l'an en pleine montagne. Trois jours à redécouvrir le plaisir de la marche. Raquettes aux pieds, sac à dos, doudoune encapuchonnée sur le corps.

Et là, c'est le jackpot absolu. Je me découvre cabri, ivre d'espace et de dénivelés acrobatiques. L'air froid s'arrache de mes poumons goulûment et c'est comme si mon souffle, en apnée depuis des années, se remettait à respirer normalement.

Perchée sur les hauteurs à deux mille mètres d'altitude, avec pour seule vision de gros flocons de neige déposés un à un sur une chaîne de montagne, au cœur du Parc de la Vanoise, j'exulte intérieurement. Le silence majestueux et blanc remplit mon âme. J'oublie de penser, toutes mes forces concentrées à l'ascension, un pas après l'autre, au rythme d'une respiration fatiguée parce que trop longtemps désertée par l'effort.

A cet endroit de la terre, la nature ordonne ta conduite, exige ta vigilance, te prend tout, t'englobe dans sa totalité. Tu lui dois d'être là, entière, tout à elle. Et c'est ce que je fais. Je me donne à elle, plus soumise que je ne l'ai jamais été, le dos courbé sous le poids du sac, en appui sur mes deux bâtons.

Trois petits jours et la touche « globetrotteuse » vient d'être réactivée en moi. Je suis à peine rentrée que j'ai envie de repartir.

Vite.

Encore.

Ailleurs.

Plus haut.

Plus loin.

7/ Vite…
(Encore. Ailleurs. Plus haut. Plus loin).

Où j'apprends la patience…

Une notion majeure dans l'art du voyage. Bien avant d'être en terre promise.

Même pour une rando d'une journée, il faut compter avec les aléas du trajet, de la préparation, de la météo… S'ajuster sans cesse. Composer avec les hasards.

Pour l'étranger, il faut rajouter l'obligation de passeport, visa, vaccins.

Et c'est ainsi que je me souviens que le voyage commence bien avant d'être partie. Il débute à cet instant précis où, des fourmis dans les jambes, tu planifies étape par étape, tout ce à quoi tu dois penser. Les mille et un détails qui te font rejoindre en absolu ta destination. C'est un des moments que je préfère. Cet avant. Tout aussi important que le pendant. Mais avec en plus ce degré d'inconnu, d'irréalité, de flou, de rêve. Ce mélange en soi d'envie et de crainte. Un flux bouillonnant qui t'injecte une adrénaline de malade. À te rendre de plus en plus impatient.

C'est fou ce qu'un projet de voyage engendre de perspective et de recul. La réalité immédiate perd toute importance. Il peut se passer à peu près n'importe quoi entretemps, cela me passe au-dessus de la tête.

Au bout du chemin, celui de l'ici et maintenant, il y a la certitude d'une soupape. D'un essentiel plus grand. Et avec les années, de plus en plus fort. De plus en plus certain.

Et ce, quoi qu'il arrive. Même si j'échoue au pied d'un sommet. Même si l'avion a 10 heures de retard. Que la pluie s'invite me laissant plus trempée qu'une serpillière. Même si au final, il y aura des cons, voire des méchants.

Ne rien savoir et tout imaginer me galvanise.

L'important est de découvrir. En connaitre le moins possible. Etre vierge de tout à priori. Faire confiance.

8/ Confiance

Pièce maitresse. Socle incontournable du cairn.

En soi, c'est une évidence. Il suffit d'y aller progressivement, de se tester sur des petits parcours puis d'augmenter la dose.

En l'autre, c'est tout le risque du voyage.

A quelque degré qu'on le veuille, notre vie est tributaire des autres. Dès que l'on met le pied dans un avion, un train, un bus, un tuk-tuk, une pinasse. Dès que l'on se pose là où notre zone de confort nécessite l'appui d'un guide, de sherpas, d'une assistance.

A part quelques nomades, fous des défis extrêmes, nous ne sommes jamais seuls sur le chemin. Et cet autre devient autant un risque qu'une chance de survie.

La notion de confiance doit être réglée bien avant le départ. Il s'agit de s'en remettre au destin, au hasard, à la chance, à votre intuition, à la vie, appelez-le comme vous voudrez et de décider que tout va bien se passer. En sachant que le risque zéro n'existe pas. Ni chez soi ni ailleurs. On est bien plus nombreux à mourir en terre familière que sur un chemin de randonnée, en montagne ou en avion. Même le risque attentat est à mettre en perspective puisqu'aujourd'hui, même à la terrasse de notre bistrot, tout peut arriver.

La vie n'est qu'une succession de choix.

Rester ou…

Partir…

9/ Partir

S'en aller, s'éloigner, sortir, quitter, s'enfuir, se sauver, s'échapper, filer, déguerpir, décamper, ficher le camp, dévisser, foutre le camp, aller, décaniller, s'éclipser, s'éloigner, déménager, s'expatrier, se carapater, voyager, s'envoler… Décoller…

Prendre l'avion, rejoindre un aéroport.

Aéroport : Mot cosmopolite par excellence. Pluriel, bruissant, multiple, coloré, vivant.

Le seul endroit du monde où mon anti-consumérisme ne se rebelle pas.

Où mon amour du silence consent au partage du brouhaha, de l'agitation, du mouvement. Les yeux émerveillés face aux immenses panneaux d'affichage clignotants.

La curiosité en éveil, l'oreille aux aguets.

Moins je comprends ce qui se murmure à mon oreille, plus je sens que je me rapproche du but.

Ma zone de confort prend fin ici, soumise à des contraintes qui m'échappent et sur lesquelles mon lâcher-prise s'enclenche automatiquement.

Plus rien, passé les sas de contrôle, ne sera de mon ressort. Rejeton d'un oiseau de fer, je quitte la pesanteur, rejoins le ciel.

Des heures durant, mon périmètre se réduira à un fauteuil que des milliers d'autres auparavant auront incrusté de leurs rêves.

Les miens, juchés à dos de nuage, savent déjà que je ne suis plus qu'un grain de vie dans le vaste monde.

10 / Monde

Cet espace vertigineux où notre audace s'exprime en allant à la rencontre de... Jamais seuls si l'envie nous en dit, si le courage nous en convainc, si la curiosité nous défie. Tout peut arriver ; les chemins, les possibles, les ouvertures.

Un immense terrain de « Jeux » et de « Je ». Le long et fabuleux effort de la verticalité ; mise à l'épreuve de notre équilibre sur le fil du rasoir.

En route pour observer, découvrir, apprendre. Sortir de sa « zone de confort », explorer d'autres trous de serrures que notre nombril, grimper les échelles de la différence et de l'indifférence.

Le monde comme une infinie maison avec ses cuisines aux saveurs si singulières. Avec autant de salons que de pays, de jardins que de paysages naturels. Abritant toutes les chambres de la passion. Les greniers de l'histoire. Les boudoirs de la convivialité. Les caves qu'on voudrait voir condamnées. Les portes closes sur nos fantômes.

Et à peine, une centaine d'années pour en faire le tour, le saisir, l'appréhender, le comprendre. Dans sa diversité, sa complexité, sa richesse, ses troubles et ses calvaires.

Le Monde, Nous, les Autres, Soi.

Tout le monde.

A s'en pâmer ou à s'en étourdir. Pour rire et pour pleurer. Sans que jamais il ne nous appartienne. Capable de se rebeller devant notre entêtement à vouloir le maîtriser. Si mystérieux qu'il nous faudra encore des siècles pour l'apprivoiser.

Qui peut être si grand, quand on lui ouvre nos frontières et, si mesquin, quand il s'emprisonne sur son seul périmètre. Si effrayant parfois, et même souvent, que d'aucuns ne l'arpenteront jamais.

Moi au milieu des Autres.

Debout, vaillante.

En marche.

Il m'aura fallu attendre d'avoir 37 ans pour m'affranchir du passé et me mettre enfin en marche. Pour vaincre mes propres frontières et opérer un premier saut dans le vide.

Bien sûr, ces années n'ont pas été exemptes de voyages.

Tunisie, Maroc, Canada, Egypte. Espagne. Grèce. Belgique. Italie. Et la France aussi bien sûr.

À toutes les saisons. Dans ses montagnes et ses régions les plus verdoyantes

Des séjours entre amis, enrobés de confort. Qui pourtant, au retour, me laissaient sur ma faim.

Trop de luxe, pas assez d'effort.

Trop d'obstacles, encore, entre moi et l'autre.

Trop de périmètres protégés, pas assez d'horizon.

Fragments 12 à 16

Le ciment

Direction la Mauritanie. Le désert. Des dunes en ligne de mire. Le vent. La chaleur. Un bac à sable géant, jaune, blanc, orangé et même gris selon l'heure et la température. De l'espace, à ce point infini qu'après une journée de marche, on se croirait perdu. Loin de toute civilisation.

Carte postale du touriste qui fait ses premiers pas hors bitume et qui s'émerveille de son regard à perte de vue. No limit.

C'est tout petit la Mauritanie. La portion de désert traversé en une semaine équivaut à une centaine de kilomètres à peine. Et pourtant, quelle révélation au premier jour. Quand le regard ne distingue plus rien d'autre qu'une vaste étendue et que de quelque coté qu'on se retourne, rien de ce que l'on connait n'est là pour rassurer nos habitudes.

La zone de confort est rompue d'emblée.

Les priorités changent.

Echapper au soleil, plombant dès la fin de matinée. Vérifier sa gourde d'eau toute la journée. Mettre ses pas dans ceux du guide. Apprendre à faire la sieste dès 13 heures. Repartir vers 17h.

Et savoir que le soir accouchera d'une fraicheur temporaire, très vite remplacée par le froid mordant de la nuit.

Oublier la douche remplacée par les lingettes. Inefficaces contre ces milliers de grains de sable qui se faufileront partout, tout le temps.

Bien longtemps après le retour.

Oublier le confort de la technologie moderne. Plus rien d'autre à faire que s'imprégner du silence, scruter l'horizon, plonger sa tête dans la voute nébuleuse.

Se sentir tout petit et découvrir que nos ciels d'été ne rivaliseront jamais avec les milliards d'étoiles qui illuminent la nuit.

C'est plus que notre regard peut en capter, plus que notre imagination peut en concevoir. Je n'ai jamais eu de plus belle chambre d'hôtel que chaque nuit passée dans le désert, à dormir dehors, emmitouflée dans un sac de couchage.

Je n'ai jamais autant apprécié le silence, jamais à ce point tendu l'oreille pour écouter le chant des dunes. Malgré la chaleur étouffante, la peur tenace de manquer d'eau, les salades de concombres tomates à tous les repas. Les « Vache qui rit » avalés par dizaines.

Parce qu'il y avait le chamelier, le guide et la cuisinière. Des heures le soir à poser mille questions. A partager nos vies. A sourire des différences. A rire, chanter, danser autour d'un feu de bois.

En moins d'une semaine, les liens se tissent immédiatement. Tu sais que tu vas devoir apprendre le vivre ensemble, t'en remettre à d'autres autorités que la tienne, qu'ici tu ne sais pas grand-chose, pas ce qui sert en tout cas à voyager dans le désert.

Ici, tu ouvres les yeux et les oreilles en permanence, attentif à tenter d'appréhender un autre mode de vie. Ton appareil numérique enregistrera des photos, des images, des couleurs mais ce qui se passe en toi n'apparaitra nulle part.

Ce que tu découvres au milieu du désert à gravir les dunes, à te repaitre d'espace, à sentir tes muscles triompher de petits défis n'appartient qu'à toi.

Tu sens qu'un changement s'opère. Que cet espace de liberté va te couter cher en rentrant.

Très cher même.

Que ce voyage n'est qu'une mise en bouche.

Un hors-d'œuvre.

Beaucoup trop court pour étancher cette soif qui t'assèche la gorge au moment du retour.

13/ Le retour

Il fallait s'en douter. Le retour est toujours brutal. La violence des contrastes peut rendre survolté et agressif. D'un seul coup, il y a trop de monde, trop de bruit, trop de pollution et trop d'odeurs. Ça te bloque le plexus dès l'arrivée.

Tu as l'impression d'être sur une autre planète, que ce monde est virtuel ou que tu es dans un film et quelqu'un va dire « coupez ».

Pendant une semaine, plusieurs fois, je me suis arrêtée de marcher et j'ai regardé autour de moi. Complètement ahurie.

Etais-je en train d'expérimenter ce que certains psychiatres appellent le « syndrome de Paris » ? Ce comportement imputé à quelques Japonais qui n'ont pas la capacité de s'adapter à l'Hexagone, à cause des codes culturels, sociaux et linguistiques très différents entre les deux pays. Parce qu'ils ont à ce point fantasmé la France que la désillusion en est radicale. Ils subissent un choc culturel négatif. Ou, est-ce simplement que ce voyage à valeur initiatique avait considérablement modifié ma perception de la réalité et celle de ma place au milieu du monde ?

J'avais marché dans les dunes, légères et souples, je me brisais aux arêtes des escaliers, massifs et lourds. En cent kilomètres de désert, je n'avais eu aucune courbature, en deux jours ici, j'avais de nouveau mal aux mollets.

Quelques jours plus tard, j'ai lu par hasard que l'on pouvait classer les hommes en deux catégories : les défricheurs et les cultivateurs. Les premiers œuvrent sans cesse à parcourir et découvrir quand les seconds sécurisent et pérennisent. Les premiers ont l'audace et le courage d'inventer ce que les seconds auront la force et l'abnégation de faire partager.

C'était facile de savoir où je me situais.

Restait plus qu'à trouver la prochaine destination. Je n'avais qu'une hâte, repartir.

Fuir. M'évader. Prendre le large.

14/ Prendre le large

L'opportunité d'une balade en mer, trois jours sur un voilier, ça ne se refuse pas.

Après le désert de sable et de vent, la grande bleue finirait bien par me redonner le sourire. J'étais une terrienne, est-ce que j'avais aussi le pied marin ?

La Trinité-sur-Mer. Des centaines de voiliers en attente serrés les uns contre les autres tanguent sans effort. La mer est là, sous leurs coques, qui laissent espérer l'appel du large. Iceo II, flambant neuf, sera l'élu, pour deux jours au moins. Il m'accueille avec confort. Quatre hommes, une femme et moi, sur onze mètres de longueur, trois cabines, deux WC et un carré salle à manger cuisine.

Onze heures sonnent le départ. Le soleil éblouit l'horizon, la mer est bleue, les mouettes nous accompagnent, un cormoran nous précède.

On dirait une carte postale. C'est presque vrai.

Seul absent, le vent. La bonne blague !

Il esquisse dans la voile une caresse à peine perceptible. Les moteurs viennent au secours des premiers miles puis la traversée se fait au rythme lent et tranquille d'un courant diffus. Tout est comme retenu, immobile et paisible jusqu'à l'ennui. Effectivement, je suis une terrienne, habituée au dur et à la marche, cet élément n'est pas le mien. Il a ses règles, ses codes, ses limites. Je suis son hôte, timide et inquiète. Je m'adapte cependant, avide de découvrir jusqu'où je peux être ainsi ballottée. Si la mer se met à tempêter, je n'aurai plus qu'à prier. En attendant, mon corps s'habitue à la houle, fluide et légère.

Rien ne se passe d'autre dans ce silence étendu et clapoteux que des rires sur le pont, la sieste à quinze heures, le dépassement d'un chalutier et, à l'horizon, les courbes encore incertaines de l'île d'Houat pour laquelle il faudra plus de cinq heures de navigation. Un peu d'excitation, deux trois mouvements et le voilier est amarré à une bouée, à l'écart du port. Je gonfle le zodiac, le moteur est en panne, à moi les rames, maladroite mais empressée. La terre est là, qui m'attend, je la foule avec aisance, son contact stabilise ma flottaison interne.

A dix-huit heures, le vent se lève enfin, nous n'en profiterons pas. Iceo II balance gaiement. Je m'endors bien plus tard, bercée par le bruit du vent dans les drisses contre le mat, des clapotis sur la coque et le concert retentissant des ronflements unanimes.

Au second matin, réveil brumeux et gris, le vent est tout à fait là. L'aventure va crescendo, le skippeur pousse jusqu'à cinq nœuds, le bateau se couche et glisse avec vigueur. Le foc gonflé d'aise nous emporte en trois fois moins de temps qu'il en a fallu pour venir. Mon cœur bien accroché s'émeut la première heure puis se rassérène d'habitude. A ce train-là, ça peut même devenir grisant ! On est encore loin des vagues rodéos.

Au troisième jour, le mauvais temps me donne raison, le ciel est gris, il pleut, j'ai déjà froid. La sortie du port se fait en douceur, à la proue du bateau, je défie l'horizon et cette mer qui vient cogner de plein fouet. La grand-voile est hissée. Le foc tendu à bloc pousse notre vitesse jusqu'à huit nœuds, une bagatelle de marin et pour moi une mini tornade. Après cinq heures à ce rythme, mon cœur commence de se révulser. Je soutiens l'effort en mangeant et en me tenant debout, la bouche ouverte à expirer l'air comme si je voulais repousser hors de moi le chaos qu'elle provoque. Quand j'aperçois la terre au loin, je me calme, rassurée.

Belle Ile apparaît comme un décor de cinéma. Y-a-t-il une vie derrière ces façades multicolores ? Oh que oui et presque trop d'ailleurs. Après ce vide rempli d'eau et d'air, la multitude m'étourdit. Je prends d'assaut la citadelle et longe le sentier côtier. Il n'y a que moi, l'odeur des pins et un Gr chaotique tracé dans la roche. Je touche enfin terre.

La mer est au loin, belle, insaisissable. C'est ainsi que je l'aime. La chevaucher s'avère être une épreuve dès lors qu'elle se met à gronder. Je n'ai pas envie de me battre. Je n'ai aucun défi à lui lancer, pas de guerre à gagner. Je la laisse se déchaîner seule. D'ici, elle ne me fait plus peur, la voir s'agiter me parait vain.

Je crois aussi que pour l'appréhender, il faut faire corps avec elle. Si cette incapacité est avérée et que le choix reste de la dominer ou d'être dominé, il faut ne pas insister. Entre elle et l'homme, il y aura toujours le bateau. C'est lui le vainqueur, le véritable flotteur. L'homme est son esclave, servile et patient. A part Jésus, qui a déjà marché sur l'eau ? A part les sirènes, qui a déjà nagé aussi bien et aussi longtemps ?

Pour voler dans les cieux, l'homme use encore de technique. Et s'il s'avère très performant, il n'aura jamais la grâce ailée d'un oiseau. Ni sa liberté ni son aisance.

Qu'il maîtrise le feu, il ne le contraindra jamais vraiment. Parce que quand les flammes le lèchent, il n'en reste rien. Jamais.

Seule la terre est son correspondant direct, le seul endroit où il peut être actif à partir de lui et de lui seul. Sans intermédiaire. Pourvu qu'il sache marcher, il aura toujours un endroit où aller. Pourvu qu'il la respecte, il aura toujours de quoi s'en nourrir. Pourvu qu'il l'admire, il aura toujours un endroit où en être ébloui.

15/ Ebloui

La Lybie. Six mois plus tard.

La chaleur me saisit, j'ai quitté la pluie parisienne, je trouve le soleil et un horizon doré. Du hublot, j'aperçois le désert, il m'appelle déjà.

La douane, les bagages, les premiers changes à l'arrachée. Les autochtones brandissent les billets de banque, le cours varie d'un client à l'autre. Je tends mes quarante euros sans réfléchir ni vérifier. S'ils me volent et qu'ils s'enrichissent, je ne serai pas plus pauvre.

Un homme en bleu me propose un chèche, cinq mille dinars, je ne négocie pas, je paie cinq fois le prix. Peut-être avais-je une dette envers lui, dans une vie avant, ou peut-être est-ce lui qui vient d'en contracter une à mon égard ?

Est-ce si grave ?

Deux heures de route dans un camion jaune, à l'effigie d'un grand voyagiste, bien connu des trekkeurs. La poussière, le vent chaud et les nids de poule, sans surprise.

J'attends le désert.

Assis sur des nattes au sol, une salade cuisinée rapidement par notre cuisinière locale et les premiers mots timides avec des blagues faciles et des présentations maladroites. En une journée, j'ai pris trois heures de décalage ou davantage. Je suis assise près d'un homme en tunique bleue qui fait sa prière. L'une des cinq qui rythment sa journée.

La lune, pleine et orangée se partage un ciel plein d'étoiles.

Notre guide Kalidou m'a surnommée petit Lou. J'aurais préféré grande mais c'est lui le chef, on est au cœur de l'islam ici. Il est agréable et plutôt souriant. Le groupe, lui, est en majorité sexagénaire, plus un couple d'une quarantaine d'années et deux célibataires avoisinant la trentaine. Cumba, notre cuisinière est une jeune femme très belle, souriante et pleine de répartie. Elle nous offre notre premier couscous, un régal.

La caravane de dromadaires qui portent nos bagages en compte seize. Ils se tiennent devant moi, prêts à partir, alignés les uns derrière les autres, bâtés à l'extrême de nos besoins d'occidentaux. Je suis émue. Je ne sais pas exactement pourquoi. L'aventure commence. Nous partons pour quinze jours. Que vais-je bâtir en moi qui soit aussi puissant et patient qu'un désert, aussi humble et infini que sa traversée ?

Très vite, de nouveaux repères s'imposent.

Kalidou fait ses ablutions, Cumba se prosterne devant Allah. Mes compatriotes et moi assistons au spectacle. La première étape se trouve à quatre heures de marche. Autant dire une goutte d'eau dans cet infini. Mais tout comme cette goutte d'eau, une épreuve de résistance au soleil.

Les dunes sont des montagnes de sable qui tirent les forces de nos mollets et essoufflent mon jeune cœur habitué au plat bitume. Le cadeau, c'est la descente. On s'enfonce à mi-mollet en se laissant glisser comme dans la neige sauf que c'est chaud et plus doux. La neige, elle, souvent crisse et se plaint. Ici, la dune étouffe sa souffrance en un bruit sourd.

En une journée, le sable a déjà envahi nos sacs, nos habits, notre peau. Il faut compter avec et ne pas s'en irriter. Il croque sous la dent, se colle à notre sueur, habite notre nez et nos oreilles, alourdit nos chaussures. J'ai d'ailleurs très vite renié mes baskets pour chausser des sandalettes.

On croise, ici et là, des pommiers de Sodome. Le nom est, on ne peut plus, approprié, le fruit, on ne peut plus suggestif. Une verge verte et pleine. Sa fleur est plutôt bleu mauve et si l'on déchire sa feuille, un lait blanc opaque mais incomestible perle en fines gouttelettes.

La nature est une foutue magicienne.

Je sais c'est bête mais c'est bon de le vérifier.

J'ai adopté le cheikh dès la première heure. Kalidou l'a croisé sur ma tête, il parait que j'ai fière allure. Il n'arrête pas de tirer sur mon sac à dos dès que je marche trop en avant.

Il veut être le premier et moi je cherche l'horizon. Nous marchons côte à côte, en silence. Quand, à l'assaut de la première dune, il me distance, je fais preuve d'humilité et souris.

La cérémonie du thé suit chaque repas. Moi le ventre repu, je somnole. Je commence à lâcher prise, je prends le temps d'être à mon rythme. Sous la chaleur, mes doigts gonflent, doublent presque de volume. J'ai le visage écarlate et une grande lassitude.

Ce temps d'arrêt dans une oasis nous mène jusqu'à dix-huit heures. Nous reprenons la marche pour rejoindre le campement du soir. Le sable est encore chaud mais moins pénible qu'à midi où la température peut atteindre les quarante degrés et le sable nous brûler les pieds. Ici, un coin d'ombre est du luxe, de l'eau à volonté un miracle, une salade accompagnée d'une orange, une fête du palais.

Le campement se trouve près d'un puits. Le seul de notre circuit. On a le droit à un bain de pieds et à une bassine d'eau sur la tête. C'est au deuxième jour un plaisir incroyable. L'eau est notre principale préoccupation. Puiser sa richesse au puits me rend fébrile comme une enfant. Je remplis les bassines avec bonne humeur puis je pars aider Cumba à éplucher les oignons et les patates pour le ragoût du soir. J'apprends juste à temps que la biquette qui faisait route avec nous a déserté mes perspectives de rapprochement.

Puis Cumba m'explique que pour ne pas pleurer, il faut éplucher les oignons face au vent.

Je lui dis que dans nos cuisines c'est sous l'eau qui coule. Elle m'a baptisée Lounette. Je crois qu'elle m'aime bien. Ce même soir, je lui donne des lingettes imprégnées et je force Kalidou à lui céder la lampe à pétrole pour finir la vaisselle.

Il dit qu'elle sait très bien faire sans.

Ça c'est sûr mais avec, c'est plus confortable, non ? Je parle à un sourd !

Il est 23 heures et la nuit noire n'a pas encore accueilli la lune. La voix lactée s'offre comme un émerveillement. Quelques filantes passent même furtivement ainsi que deux trois comètes. Je m'endors cependant qu'un vent frais me caresse le visage et que la voûte céleste scintille d'une myriade de lumière.

Plus tard, la lune prend le relais, efface les étoiles et moi-même j'éteins ma frontale.

Réveil à l'aube. Entourée de dunes. Instants magiques. Je reste chaque matin quelques minutes dans mon duvet à goûter ce bonheur.

Au fil des jours, nous allons croiser un fennec, suivre la trace d'un serpent, découvrir dans un buisson d'Alpha un nid d'hirondelles, marcher sur des bouts de coquilles d'autruches – il paraît qu'elles étaient encore là il y a 50 ans -, croiser au milieu de dunes orangées une grande plage de sable blanc et un campement nomade.

Voir venir à nous ces femmes en bleu m'émeut encore. Je les trouve belles. Sous une tente qui offre une fraîcheur bienvenue, elles nous invitent à la cérémonie du thé et j'apprends enfin le sens de cette coutume ancestrale qui se déguste en trois fois. Il est dit que le premier thé est amer comme la vie, le second fort comme l'amour. Et le troisième suave comme la mort.

Les enfants nous dévisagent pendant que deux femmes déposent des bijoux et un peu d'artisanat. L'une d'elle demande un briquet, je lui offre le mien, elle me remercie avec un bracelet tressé en poil de chameau. Le troc est achevé dans un sourire et une satisfaction réciproques. Elle se laisse prendre en photo et les enfants s'amusent à se reconnaître dans nos appareils numériques. La rencontre de cette technologie et de leur artisanat primaire me pose question. Je n'ai pas encore compris le sens de leur vie, ce temps qu'elles passent dans le désert à attendre que la vie se disperse tout en souhaitant que le touriste dispense quelques précieux dinars. A quoi pensent-elles ? De quoi rêvent-elles ?

Que voient-elles de nous, nous envient-elles

Qu'ont-elles à nous apprendre et inversement d'ailleurs ?

Ici, c'est le climat qui impose ses règles aux hommes. L'homme du désert est un nomade qui n'a jamais franchi ses frontières. Si l'homme des villes y retourne pour comprendre, qu'il n'oublie pas de revenir pour témoigner. Il n'y a que le partage qui donne un sens et une valeur au vécu.

Un soir, nous assistons à la fabrication du pain. En soi la recette ne diffère pas de la nôtre. Du blé, de l'eau, un levain mais une seule main gauche pour pétrir une pâte rendue épaisse et lisse. Une main gauche plutôt adroite et forte d'ailleurs. Pour la cuisson, les hommes dégagent du feu le bois qui brûle encore, disperse les cendres jusqu'à laisser un arrondi où ils déposeront la pâte à même le sable. Les braises viendront recouvrir le pain qui attendra soixante minutes de lever en une miche plutôt compacte mais riche et goûteuse.

A la nuit tombante, nous dinons une fois encore sous un ciel féerique. Un de mes comparses explique alors que la voie lactée comporte quelque 400 milliards d'étoiles, qu'on ne peut en voir que 2000 dans chaque hémisphère et qu'à part une seule, toutes ont un nom d'origine arabe. Mon attention s'échappe, s'élève, je n'entends pas la suite. Je garde le mystère de la nuit et de ses brillances intactes. Une chose n'ayant de sens à mon avis que dans l'émotion qu'elle procure. Telles ces traces laissées ici et là par des serpents, des scarabées, des poissons de sable et même des fennecs en une farandole de dessins que nous apprenions à reconnaître.

Chaque jour, nous courons la plus petite parcelle d'ombre, pistée en chemin par des lézards et accompagnée tout le jour par des mouches. C'est souvent le vent qui nous secourt de trop de chaleur.

Savez-vous ce qu'est le sable ? Ce sont toutes ces montagnes de pierre que le soleil écrase la journée et qui, en contraste de nuits trop froides, se craquent, se morcellent, s'émiettent et finissent en poudre d'or, légère quoique très insidieuse. Il a fallu des millénaires pour que la nature œuvre à cette transformation. Si je revenais ici dans cinquante ans, je ne m'en apercevrais même pas.

En tout cas, à cet endroit de la terre, les arbres sont rares et pour trouver de l'ombre, nous devons nous abriter sous la tente. Dix sept sous quinze mètres carrés de bâche ouverte au vent, autant dire qu'on se tient chaud. Le sable vole en tous sens, sous la dent, les grains de riz de Cumba se confondent avec les grains de sable du désert, je n'ai pas besoin d'en prélever dans quelques petits sachets, ils me suivront dans à peu près tout ce que je transporte.

A chaque arrêt que nous faisons, des femmes nomades nous rejoignent et étalent bijoux, chèche et artisanat. Elles sont là à attendre qu'on daigne les regarder. Je leur souris. Je me sens stupide et vaine, un peu naïve aussi. Je pensais traverser un désert vide, Kalidou dès le premier jour m'a rappelé que le désert était vivant et qu'on n'y était jamais seul.

De combien d'absents et d'invisibles comptent-ils me surprendre ?

Il semblerait que les locaux ne comprennent pas ce désir qu'ont les Occidentaux de venir marcher dans le désert. Je cherche la réponse auprès de mes compatriotes. La curiosité, l'aventure, l'effort, la beauté des paysages, le dépassement de soi, un retour aux sources.

Ces réponses ne me satisfont pas. Je les vois s'ébattre dans cet immense bac à sable, loin de leur confort, à vivre comme vivaient nos ancêtres dans un minimum primaire et à s'émerveiller d'y réussir, à chercher dans cet horizon sans fin un sens à leur horizon bouché. Souvent les conversations parlent du devenir de la planète, de l'aberrant saccage des hommes, de ces femmes prisonnières d'un Islam esclavagiste, de ces exilés venus trouver un château de sable en France. Il y a deux médecins, une assistante sociale, un infirmier psy, des marcheurs confirmés, des naturalistes de cœur et un pauvre hère comme moi en proie à de vaines questions existentielles.

Qu'en est-il de la réalité ? Pourquoi moi-même suis-je venue ? Se coucher sous les étoiles, se réveiller au berceau de la lune, manger avec les doigts, ne pas se laver, dormir à même le sol, vivre du vent qui porte et du soleil qui plombe, n'est-ce pas un peu futile ?

Ma poésie y trouve ses rimes mais ma réalité, demain, de quoi se souviendra-t-elle ?

Qu'il y a tout à faire ici, qu'une goutte d'eau n'est jamais vaine, que partout où l'on va, c'est avant tout soi que l'on emporte et que ce qui peut et doit être changé ne nous appartient que dans une certaine mesure. Celle du temps qui nous est imparti et qu'il faut savoir user pleinement.

J'hésite à chercher d'autres réponses.

Mais les questions, elles, fusent.

Sommes-nous vraiment devenus meilleurs ? Quelle évolution en mille ans ?

Nous nous parlons d'un côté de la planète à l'autre, au-delà de l'espace et même du temps mais ce que nous avons à dire est-il plus pertinent ?

Portons-nous des réponses qui pourraient changer le monde ? Qui a encore à dire qui ne soit déjà su ?

C'est entendre qui nous manque.

Les haut-parleurs assourdissent, les murmures se plaignent, l'écho faiblit à force de répétition. Ne reste que le verbe, là où au commencement était

Dieu. Trahi, « mensongé » et rendu caduque par des millénaires de perversion.

Que suis-je moi-même en train de faire de façon si malhabile ?

Tais-toi et marche, me répond le vent.

Aujourd'hui s'ouvre sur un immense reg qui traverse les déserts bien plus souvent que la dune des papiers glacés ne le montre réellement. Le sol noir, sec et caillouteux donne une impression de terre brûlée. Quelques dunes entravent encore notre chemin mais ce ne sont plus celles du début, hautes et pleines, molles et brûlantes qui nous enlisaient et nous faisaient tâtonner à petits pas. J'avance allégrement, je suis heureuse que mon corps réagisse aussi bien, il n'a pas vacillé du voyage, il se plait dans l'effort. Seule la chaleur, pour quelques heures, est vraiment insupportable.

Ce soir est le dernier avec nos chameliers, ils se sont faits discrets et souriants tout au long de la semaine mais très efficaces. Parait qu'avec mes cheveux courts, le premier jour ils m'ont prise pour un garçon. Kalidou pense qu'il n'existe qu'un modèle de femme comme moi à Paris, je suis trop libre, je parle trop, je suis une rebelle. Ici c'est presque une insulte !

La soirée s'est faite sous le coup des tam-tams et des chants français. « La Rirette » entre autres, sa grivoiserie toute naïve enchante leur imagination bridée.

Nous avons déjeuné d'une dernière salade préparée par Cumba avant de reprendre le camion qui nous ramènerait à la civilisation. Deux heures de plaines rocailleuses avec cette impression de tracer la route au fur et à mesure du chemin. Un désert noir, sans vie, à l'abandon du soleil. Une terre de désespoir.

A l'arrivée, nous étions attendus dans une auberge avec douche avant d'opérer un tour au marché de la ville.

De nouveau, le bruit, la multitude, les couleurs vives, la civilisation.

Un avant-goût du retour.

Dans la rue, un enfant m'a tendu une planche de bois sur laquelle il avait dessiné une caravane de chameaux et sa reine. Son sourire et ses grands yeux ont parlé pour lui. Je lui ai offert les précieux dinars qu'il convoitait et j'ai glissé dans mon sac à souvenir son visage rayonnant.

Cette planche, je l'ai encore.

Elle me rappelle cet instant et tous ceux qui l'ont précédé.

Elle me rappelle ceux à venir.

Que mon espoir conçoit, trek après trek. En me fiant à mes compatriotes qui ont déjà beaucoup voyagé. Et dont l'enthousiasme agrandit chaque jour la liste de mes envies.

Je refuse de penser au temps perdu. A cette passion qui me prend au corps à un âge avancé. Je refuse d'imaginer qu'il est trop tard.

Que je n'aurai pas assez de cette vie pour tout voir. Au contraire, même.

Je me dis que je n'ai plus de temps à perdre.

Que le chemin est tracé, qu'il m'attend.

Ailleurs.

Plus loin encore.

Et même plus haut.

Pourquoi pas à Katmandou.

Changement de décor.

D'ambiance.

La chaîne himalayenne.

Le terrain de jeu préféré des trekkeurs.

Je ne choisis ni l'Annapurna, ni le Manaslu. Beaucoup trop touristiques à mon gout. Encore moins l'Everest, beaucoup trop risqué pour mon niveau. Non, j'opte pour la région des lacs de Gosainkund. Là où se côtoient de multiples ethnies, Newars, Brahmanes, Tamangs et Sherpas, à quelques heures seulement de Katmandou, au nord du pays.

21 jours en terre sauvage, entre forêts, pics glaciaires et lacs sacrés. A l'époque un site peu prisé des touristes qui offre pourtant de superbes vues panoramiques sur 170 km de chaîne himalayenne. Situé en dessous de la barre des 5 000, oscillant le plus souvent à 4 000, c'est là que pour la première fois je franchirai les 4 600.

6 à 7 heures de marche par jour. De la neige jusqu'en haut des genoux. Du dénivelé à gogo, des ponts suspendus, des cairns géants, des bannières à prières drapées de lumière. Des villages aux toits multicolores, des temples, des processions, des masques, des danses traditionnelles, des moulins à prière.

Du dal bhat deux fois par jour et des omelettes accompagnées du thé au beurre de yak chaque matin. Trois planches de bois adossées à un mur de pierre, le luxe d'une chambre en montagne. Et des interstices gros comme le poing qui transforment mon sommeil en insomnie à chaque rafale de vent.

Des fils de linge mouillé tendus au-dessus d'un unique poêle à bois, ramassé chaque soir, là où cuit le repas, avec dispersées en dessous des dizaines de chaussures en train de sécher.

Des effluves à tous les étages qui te font plonger le nez dans ton bol de riz.

Des gites de pierres bâtis à dos de falaise où se réunissent japonais, allemands, italiens, français, tous heureux de se mélanger une soirée, à 4 000 mètres d'altitude pour danser, chanter et boire.

Des sherpas en charge de 20 à 30 kg sur le dos, en jeans et baskets qui dépassent allégrement la colonne de touristes, ahanant sous le seul poids de leur sac à dos.

Des vertiges à s'approcher des 5 000 mètres d'altitude, visage gonflé, souffle coupé mais le sourire en banane exponentiel.

Des milliers de kilomètres de cultures en terrasses, une terre rouge, un soleil cru.

Vous raconter le Népal, c'est se prendre tout ça dans la face. Chaque jour. A chaque étape. C'est n'en plus pouvoir de s'émerveiller du spectacle saisissant qui s'offre à chaque dénivelé positif.

C'est se souvenir de tous ces instants T comme une avalanche de bons moments qu'on ne peut départager, hiérarchiser ou nommer précisément. C'est tout à la fois et surtout pour moi, la rencontre sur le chemin avec ce que j'appelle le Rire du Monde.

Ou pas !

L'appartenance à un peuple qui se fait en un sourire, la connivence qui s'établit avec le guide dès la première heure de marche, la chance que tu salues après chaque journée sans gros bobo.

Ce sont ces gamins que l'on croise dans les villages et qui accourent, sourient et t'offrent un concert de joyeuseté à nul autre pareil. C'est le visage d'une enfant qui porte dans les bras un bébé et dont le regard me poursuit encore aujourd'hui.

C'est la complicité avec les sherpas. Grâce à qui tu te rends compte que tu peux enfiler trois mots d'anglais à la suite et n'avoir aucune honte à mélanger toutes les langues, tous les mimes et les comparaisons parce que tu tiens à leur dire tout le bonheur que tu ressens à cheminer avec eux.

C'est repartir en laissant ton matériel, tes fringues, tes godasses parce que c'est le seul moyen que tu trouves pour dire « respect les gars ».

C'est reprendre un bus bondé jusque sur le toit, risquer de basculer à chaque virage, croire vivre une expérience de fou quand au dessus de ta tête, tu entends les locaux rire et chanter.

C'est pénétrer Katmandou, se perdre dans ses dédales et sentir battre une énergie de vie bouillonnante. Fastueuse, archaïque, poussiéreuse, solaire.

C'est cette vie faite de tous ces autres mélangés à ton expérience qui change à jamais ton regard, tes pensées, tes perceptions.

Qui s'élance en gratitude et t'encourage à poursuivre le chemin.

Parce qu'en 21 jours, tu n'as retenu que la richesse du voyage et complètement oublié les heures de mauvais sommeil, les repas chiches et répétitifs, les sueurs et les fatigues, les muscles durs et les nausées de l'altitude.

C'est mon premier sommet à 4600 mètres.

Plus de quatorze heures de marche réparties sur deux jours. Dans la neige, le froid, l'effort, l'endurance. Le cœur au bord du monde, dans un cri de victoire.

C'est en contraste des déserts, qui sont un chemin d'intériorité, une bouleversante ascension vers l'extérieur. Pour le coup ta zone de confort en prend un coup.

Tes valeurs, tes priorités, tes essentiels aussi. C'est un challenge tant physique qu'émotionnel.

Le ciment du cairn qui soude entre elles toutes les petites pierres et t'enhardit à te propulser jusqu'à sa pierre triangulaire.

Le Kilimandjaro.

Fragment 17

La pierre triangulaire

17/ Le Kilimandjaro

C'est l'un des 6000 que l'on peut grimper sans être un alpiniste chevronné. Une façon de se tester à l'altitude. Pour affronter après, en vrai, les défis himalayens ou andins.

Et aussi, avant tout, un lieu mythique qui fait partie des endroits sur terre qu'une poignée de privilégiés peut encore voir. Et dont j'aimerais vraiment faire partie.

J moins quelques minutes à l'aéroport. Je suis morte de trouille. J'ai rejoint un ami, Benoit, avec qui je vais tenter l'ascension. Un colosse d'un mètre quatre-vingt-quinze, joyeux et rassurant qui est aussi un alter ego d'aventure. Deux bonnes amies sont là qui ont tenu à m'accompagner jusqu'à la dernière minute. Nous blaguons devant un dernier expresso, on prend des photos, on ne sait jamais… et si j'y restais. On s'embrasse, elles s'éloignent. L'avion m'envole.

48 heures après, via Amsterdam puis Nairobi, un transfert en bus jusqu'à l'hôtel pour rejoindre mon groupe - *quatorze hurluberlus du même acabit, les mollets impatients et du rêve plein la tête* -, et encore un transfert sur une piste approximative pour entrer en Tanzanie, et enfin je suis au pied du Kilimandjaro. Ce gros fromage dégoulinant de neige qui semble si près, pas si haut et plus vraiment inaccessible.

Je suis excitée, les yeux écarquillés.

Nous sommes à la douane, dans un village frontalier, le temps de faire viser les passeports et de se délester de cinquante dollars, qu'un groupe de gamins nous entoure. Je m'accroupis au milieu d'eux, je les regarde, ils me touchent. Mes cheveux surtout, grisonnants, les intriguent. J'entame une sorte de dialogue avec les mains. Ce jeu de môme où l'on se tape les paumes en croisant et décroisant les bras. Ils m'acceptent, je fredonne un refrain sans paroles. Je cherche à les attraper, à les toucher. Ils rient, font semblant de s'enfuir, je tente de les rattraper et les plus grands me dévisagent, intimidés. Je passe ainsi une heure au milieu d'eux, sans mots, avec juste des rires et de l'espièglerie. Ils posent pour la photo, heureux de se découvrir en numérique. J'ai gravé leur image. Une gamine surtout, avec son sac plastique mouillé sur la tête, assise sur le haut d'un petit rocher, silencieuse et seule, qui finira par m'offrir un semblant de sourire. Et cette autre, pas plus haute que trois pommes, avec nouée dans le dos, sa petite sœur de quelques mois à peine.

J'aurai par la suite tout au long de ma traversée le souvenir de ce moment comme un clin d'œil enjoué et dynamique, une force acquise. La certitude d'avoir été avec eux pendant quelques instants une môme, à genoux devant le Kili et l'enfance. Une partie de moi qui voulait devenir grande.

Plus tard nous rejoignons notre guide, Elias, jovial et sympathique, puis le groupe de porteurs et l'équipe « cuisine ». 33 personnes exactement. Un chiffre symbolique.

Pendant quatre jours nous allons cheminer, nous acclimater, traverser des paysages verts et d'autres en altitude complètement brulés. Nous allons nous rencontrer, nous apprivoiser, prendre le temps de se raconter. Apprendre à marcher et au final se partager le sommet. Toutes les discussions tournent autour de lui ou des autres. Le Mawenzie en particulier, son voisin, bien moins mythique mais tellement plus mystérieux. Un vrai porc-épic accessible seulement aux alpinistes chevronnés. Les pointes acérées et dressées comme un défi lancé au ciel.

Le soleil est au rendez-vous, chaud et piquant, à l'affût d'une peau à rougir. Et nous rougissons. La nuit, la voie lactée s'offre comme un émerveillement, scintillant et argenté. Des milliards d'étoiles qui éclairent nos incontinences nocturnes. Le syndrome du zip* en plus.

*Bruit de l'ouverture et fermeture des tentes qui ouvertes par une personne en réveille une autre qui en réveille une autre et ainsi de suite...

Avec au bout de nos pieds et de nos regards levés, le Kili, solide, imposant, mastodonte de l'Afrique pour lequel des milliers de marcheurs font chaque année le voyage.

La voie Rongai que nous empruntons est heureusement une voie peu fréquentée. Elle ne conduit pas après l'ascension sur les parcs légendaires du Ngorongoro ou du Serengeti. Elle conduit au Kilimandjaro et c'est tout ce que nous voulons.

Cinq jours déjà que nous sommes sur le continent. Le but approche, nous montons en altitude, dans le groupe les premiers effets se font sentir. Un peu d'œdème, de la fatigue, une perte d'appétit, des nausées… pas encore de gros bobos… une certaine tension, ténue mais palpable. Il est midi en ce mercredi 21 février. Après trois heures de marche, nous arrivons en vue du dernier camp à 4700 mètres, celui duquel dans quelques heures, nous partirons enfin pour la mythique ascension.

Pour le moment, priorité est donnée au repas qui sera suivi d'une marche d'acclimatation à 5000 mètres afin d'évaluer et tester notre adaptabilité. Première ivresse, nos pas s'empressent. Le guide veille et ne permet la débandade qu'à la redescente. Nos corps, attentifs, schuss dans la pierraille. Nous sommes heureux et confiants.

Il est 17 heures, le compte à rebours est lancé. Nous sommes à H moins 7. Ordre nous est donné de nous reposer. Un dernier repas à 18 heures, repos de 19 à 23 heures et le départ prévu à Minuit. La sieste ne sera d'aucun relâchement, la tension est cette fois-ci palpable. Chacun voudrait dormir, s'énerve de ne pas y arriver. Pour la première fois je me demande ce que je fous là et qu'est-ce qui m'a pris de m'imposer ça ?

J'ai mal au crâne, rien dans le ventre depuis midi, une fatigue nerveuse à me faire monter les larmes aux yeux, l'énergie lasse. Je laisse couler ce trop-plein, j'ai plus peur que vraiment mal.

Une foutue pression, la crainte de l'échec. Tous mes amis à Paris qui m'attendent au retour et qui d'une façon ou d'une autre ont participé à ce voyage. Qui, d'un prêt de duvet ou d'une paire de guêtres, d'un livre ou d'une cagoule, de quelques centaines d'euros pour réunir la somme manquante aux maudites taxes.

Le refuge s'agite. C'est l'heure H, l'instant T.

Je m'extirpe de mon duvet, j'enfile mon pantalon, ma polaire, mon coupe-vent, ma cagoule, mon blouson, mes gants. Je chausse mes chaussures, ma lampe frontale, prends appui sur mes bâtons.

La nuit est noire, le ciel parcouru d'étoiles et j'ai dans les yeux le reflet des deux.

Comme tous les jours depuis le premier, je suis derrière le guide, Elias, collée à ses pas. Son rythme lent et régulier canalise mon impatience, discipline mes ardeurs. J'ai confiance, il sait où il va. La longue colonne se met en branle. Seize petits français moins un qui ne fera pas le voyage. L'altitude l'a supplicié, il n'a même pas voulu se lever. Des myriades de diodes nous ont déjà devancés. Sur ce tronçon de l'ascension où il n'y a de place que pour une seule personne à la fois, nous ne serons pas seuls. Des américains, des chinois, des belges, des allemands.

Des humains, tous logés à la même enseigne, celle de l'endurance et de l'humilité, de l'effort et du froid qui, à chaque arrêt, gèle nos mains et engourdit nos pieds.

A 5200 mètres, nous faisons une première pause. Dans les gourdes, l'eau a commencé de glacer. Il est conseillé de manger même si on n'a pas faim, surtout si on n'a pas faim. Je me force donc. Une barre chocolatée et deux figues, pas plus, aussitôt je suis prise de nausée. Quelques mètres plus haut, je vomirai sous l'œil complaisant et la main caressante de mon guide qui me rassurera « *it's allright… no importante… now it's ok… you're fine… let's go…* ».

Je veux bien le croire, je me relève effectivement soulagée. A priori je suis la seule à qui ça vient d'arriver. Je continue le chemin, accrochée à ses pas, son énergie, sa force. Quelques mètres plus loin, mes tripes parlent encore. J'ai besoin de me vider. Je m'isole en contrebas du chemin, la tête cachée dans mon blouson de peur qu'une paire de diodes ne vienne à m'illuminer et donc à me reconnaitre. Je baisse mon pantalon, il était temps. Complètement vidée, je rejoins à nouveau le groupe.

Mes pairs n'ont pas l'air trop cassé. Mon ami Benoit a même l'air de bien se porter. Le savoir derrière moi me réconforte. De temps en temps, quand je titube, je sens ses bâtons de marche dans mes reins me remettre dans le droit de chemin. Il me rassure et m'encourage pendant que moi j'enrage. J'ai mal aux quatre coins du corps avec l'envie de tout foutre en l'air. Je peste que si j'y arrive, c'est sûr, je m'en souviendrai et je n'irai jamais plus haut. C'est bien joli tout ça, le courage, le challenge, l'épopée. Mais tout a un prix et celui-là est cher payé. Au fil des pas pourtant, ma tête se lasse, mes pensées ne s'accrochent plus à rien, il y a comme une langueur, une acceptation.

Ma raison décroche, mon corps avance, je pense que je vais y arriver.

Et pas après pas, souffle après souffle, six heures durant, je gagne le combat. Quand nous arrivons à Gilman's Point, 5681 mètres, le premier palier, je n'en reviens pas. Je sais que deux personnes du groupe nous ont déjà lâchés, reconduits par des guides. L'émotion vient me cueillir, les yeux troubles. Je ne suis plus qu'à 200 mètres du sommet. Je sais que j'ai en partie réussi. Certes je suis épuisée mais bizarrement régénérée. Si près du but me vient un regain d'énergie. Elias me hèle pour savoir si je veux continuer, je lui souris et j'affirme énergiquement *« of course… go, go… »*.

Le soleil s'est levé, les premières neiges apparaissent, on touche du doigt le sommet, il s'étale sur un long dénivelé. Une lente et longue progression. Il faudra deux heures encore pour finir les deux cents mètres restant. Les deux heures les plus longues de ma vie. Je n'en vois pas le bout. J'arrête Elias toutes les dix minutes *« have a break, Elias, please… »*. Mon anglais est sommaire mais néanmoins efficace. Je quémande à Benoit dans mon dos de me parler *« de n'importe quoi mais parle-moi… »*. Et je marche, encore et encore, jusqu'à ce qu'Elias à trois mètres du but me prenne la main et m'emmène avec lui au lieu ultime.

Uhuru Peak 5895 mètres. Ça y est, on y est !

On se congratule, je le remercie puis très vite je m'éloigne.

Je suis seule au sommet, face au célèbre panneau. Je ne vois plus rien autour de moi. Je tombe à genoux, prends ma tête entre les mains et je m'effondre en larmes.

La tension m'affaisse, je suis secouée de sanglots avec cette voix dans mon crâne qui crie « *Putain je l'ai fait ! J'y crois pas, je l'ai fait !* ».

Je serre les poings dans un mouvement brusque, presque viril.

J'enserre cette victoire pour que mes doigts la retiennent et s'en souviennent.

Je suis venue, j'ai vu, j'ai vaincu.

Il faudra cet espace et ce temps pour comprendre où je suis et ce que je viens de réaliser. La joie peu à peu reprend le dessus. Je relève les yeux et je vois. Nous sommes au-dessus des nuages, le soleil a éclaté de joie, la neige scintille, je pourrais toucher le ciel. Le Mawenzi se découpe à l'horizon, majestueux et impénétrable.

Je suis émue. J'ai l'impression d'être au-dessus du monde, au-dessus des hommes, dans un temps infini. Certes je suis groggy de fatigue et d'altitude mais tout de même il y a cette vision tellement réelle, physique et en même temps spirituelle de toucher à quelque chose d'incroyable et d'extraordinaire. Dans son sens le plus pur à quelque chose d'Extra-Ordinaire. De grand, de super grand. Je suis vivante, pleine et forte. Je me sens puissante et réalisée. Je sens presque simultanément, qu'il y aura désormais dans ma vie, un avant et un après Kili. Une énergie dans le corps et la tête qui n'est pas prête de me quitter. Une boule d'émotion dans le ventre qui fera mon prolongement.

Je suis ancrée, à nouveau !

J'égrène des vœux, je m'intronise.

Evidemment on prend quelques photos, je rejoins le groupe, on se félicite, nous sommes heureux. Et fiers aussi. Pas tous dans le même état, les yeux gonflés et les traits tirés. Mais la joie est là même si on ne s'attarde pas. Il faut redescendre. Il fait froid. On perd de l'oxygène. Les rayons du disque solaire ont commencé d'entamer la croute de glace. Nous sommes sur une patinoire, il y aura quelques chutes et glissades. Deux heures pour se retrouver là où nous étions six heures plus tôt. Et ce n'est pas fini. Une heure trente de plus sur un terrain de petites pierres. Le genre pouzzolane qui se laisse glisser et surfer. Un déhanché tout schuss plus ou moins bancal. J'ai l'impression d'avoir fumé au moins dix joints. Je suis complètement stone. Tous les cent mètres, je tombe et je reste là. Heureuse, dans la poussière, à essuyer le paysage. Le regard vitreux, je souris bêtement. Je me relève à chaque fois et retombe je ne sais combien de fois. Je finirai pourtant par y arriver à ce maudit bivouac. Couverte de résidus et fourbue. J'avalerai une soupe et mangerai une banane avant de m'effondrer une heure dans une douce somnolence. Les trois heures de marche dans l'après-midi finiront de m'achever. Je ne retiendrai du campement du soir où grouillent pourtant une bonne centaine de fous marchands, que le bol de soupe qu'on me servira et le duvet qui m'endormira.

La suite n'est plus qu'un long dénivelé négatif. Des séneçons à foison, la forêt sauvage et belle, un peu de pluie et de nouveau des enfants mais cette fois-ci pour nous vendre des tee-shirts.

J'en achèterai un… cher, très cher et ils souriront… ravis !

Plus tard, la remise des diplômes, la signature au bas du registre et la joie renouvelée, la lumière dans les yeux de mes pairs, cette fierté de gamin qui se gargarise de son exploit. Des kilomètres de souvenirs à se remémorer. Ce que chacun a ressenti, vécu et le chagrin de ceux qui n'y sont pas arrivés. Le retour à la civilisation, le coca cola que les américains décapsulent, les téléphones portables qui se reconnectent.

Rassurer la France de l'état de ses petits héros.

Et déjà, surtout, la nostalgie de ce que l'on vient de vivre.

A quand le prochain challenge et où, le prochain défi ? L'Aconcagua en Argentine, l'Everest dans l'Himalaya, plus humblement le mont Blanc en France.

Chacun ses rêves et ses paris.

Il faut déjà encaisser celui-là. Six jours intenses à diluer progressivement dans sa tête et ses tripes. C'est un peu comme si une nouvelle colonne vertébrale venait de m'être greffée. Comme si dans cette victoire, quelque chose de fort, d'énorme, de structurel venait de m'ancrer différemment. Ce n'est pas juste une prouesse physique.

Tant d'autres l'ont fait avant moi et depuis. Et plus haut encore.

Non, c'est plus intime. Encore vaguement inconscient. Mais tellement prégnant.

C'est le voyage dans son terme le plus complet pour moi. Celui qui allie le corps, l'esprit et l'âme. Qui ouvre sur une gratitude immense d'être vivante, privilégiée, incarnée.

Qui se pose comme une pierre triangulaire, constitutive de mon cairn intérieur et autour duquel viendront se poser d'autres roches. Comme une fortification à consolider pas après pas, à soutenir voyage après voyage.

Mais qui, pour autant, ne doit pas me faire brûler les étapes.

Grimper le Kili ne fait pas de moi une alpiniste. Loin de là. Tout juste une bonne marcheuse. J'ai encore de la marge avant d'aligner les « 7 summits ». Ces sept sommets mythiques qui départagent les trekkeurs en deux catégories.

Les pros et les amateurs. Les sérieux et les dilettantes.

Il m'aurait fallu commencer au berceau comme bon nombre de grands grimpeurs.

Il aurait fallu que je n'aie dans ma vie que cette passion, cette nécessité, ce défi.

Il aurait fallu que je ne sois pas écrivain et que cette exigence-là ne surpasse pas tout.

Dans une autre vie peut-être. Certainement même. Pour ne pas avoir de regret de quitter celle-là sans avoir fait le tour du monde.

Ce monde qu'il me tarde déjà de retrouver, encore, autrement.

Pour ancrer définitivement ma pierre triangulaire et affermir mon cairn.

Pour conserver l'humilité acquise en la structurant de roches additionnelles.

Fragments 18 à 25

Les roches additionnelles

Du Toubkal au Gr 20 en Corse en passant par le Mali, le GR 34 en France, la Sicile, le Cotopaxi en Equateur, le Mont Blanc et la Réunion.

Autant d'étapes, de sentiers, de dénivelés, de défis, de rencontres encore.

Autant de miracles sur le chemin et de bouquets de sourires. De victoires arrachées à l'effort et à la persévérance. Sans être jamais rassasiée mais au contraire de plus en plus convaincue que chaque pas en avant te rapproche du village de l'autre.

L'autre qui ne se donne jamais tout à fait, c'est à chaque fois trop court, mais qui toujours t'ouvre une porte et déclenche en toi le besoin de continuer.

Cinq ans à pousser mes guêtres au sommet du Toubkal puis du Cotopaxi puis du mont Blanc. Trois sommets qui viennent s'accoler au Kili sans jamais le détrôner.

Non pas parce qu'ils sont moins bien ou plus faciles. Loin de là même.

Le Cotopaxi, je l'ai grimpé avec deux garçons. J'étais la seule femme du groupe qui l'a tenté. Pour vous dire la fierté que j'ai pu ressentir à l'arrivée.

Mais le Kili, parce qu'il est le premier. De la même façon qu'on se souvient toujours avec une tendresse particulière de son premier baiser.

Le GR 20 en Corse parce que chaque journée en soi consolide le cairn. Rajoute des pierres à l'édifice. Le fortifie.

La traversée de la Réunion pour ses explosions de joie au détour d'un sentier quand après des heures d'effort, le paysage s'ouvre et que tu as l'impression de toucher le ciel.

Le GR 34 pour se souvenir que la France aussi abrite des régions sauvages et de superbes panoramas.

La Sicile, parce qu'il faut bien s'abandonner à la paresse et à la contemplation passive de temps en temps. À chaque fois, sans comparaison ni réelle attente.

Juste pour le plaisir de marcher encore et encore. D'oublier ses jambes et sa tête et de ne faire plus qu'un avec l'autre, cet inconnu minéral, végétal, animal et humain.

Parce que cette profusion est là, à portée de main, offerte au moins à notre vue si ce n'est à nos goûts et préférences. Qu'il faut se souvenir qu'elle existe. Au même titre que soi. En dehors de soi. Parfois juste pour le bonheur d'être admirée, reconnue, saluée.

Que savons-nous de la vie si nous ne sortons jamais de notre zone de confort ? Si l'on en croit les médias, le vaste monde est un gouffre de dangerosité que notre vigilance se défend d'approcher. Même si c'est parfois vrai, il est réducteur de ne voir que la partie hostile.

Ou pire encore, la partie paradisiaque, réservée à quelques élus.

Le trek est accessible à toutes les couches sociales. J'en suis la preuve, moi qui vis comme une artiste fauchée depuis des années.

Suffit de vouloir marcher.

Et d'en faire quelquefois une priorité.

Au-dessus des lois technologiques qui imposent de posséder le dernier Smartphone, écran géant ou les dernières marques à la mode.

J'ai souvent marché avec des chaussures à 20 balles, du matériel de récup, des tee-shirts qui m'ont suivie des années, usés jusqu'au bout.

Je possède encore mon premier sac à dos, celui d'Aliboron, et pourtant j'en ai fait du troc au long du chemin.

Je me rappelle qu'au Mali, possédant tout ça, j'étais considérée comme le Toubab, le riche blanc français. Impossible pour eux d'entendre que j'avais mis des mois à réunir la somme du voyage.

Impossible d'oser comparer ma vie à la leur.

Juste la traverser, le plus sereinement possible.

Le plus humainement possible.

J'y suis restée 15 jours. Je n'avais pris que le billet aller-retour et le carnet de voyage avec des étapes préenregistrées et prépayées. Et pourtant, chaque jour, tout était à renégocier. C'était des débats sans fin. Des pourboires. Des trocs. Epuisant et en même temps très instructif.

Immersion totale garantie.

Dépaysement XXL.

Humilité absolue.

L'image de mon installation sur une pinasse, seule blanche au milieu des maliens, demeure un souvenir au moins aussi fort que mon ascension du Kili. Dans un carré aménagé exprès pour l'amie qui m'accompagne et moi, au fond du bateau, sur des câbles électriques, au milieu de tout un enchevêtrement d'objets et de familles, notre présence détonne. 24 heures dont une nuit sur le fleuve Niger pour rejoindre Tombouctou.

Un temps suspendu à mille réalités de la nôtre et pourtant si nécessaire pour comprendre que les images télévisées n'auront jamais autant d'impact que ce partage en temps réel.

Bien en amont, la gare routière de Bamako et la traversée en pays Dogon, s'alignent de concert pour ajouter à mon Mont de Joie toute la valeur de cette expérience.

Nul exploit technique dans ce voyage. Nulle performance physique hormis la chaleur et la nourriture qui chahute nos estomacs mais alors, waouh, quelle leçon de vie !

Ce sentiment d'appartenance qui ne te quitte plus dès lors que tu pénètres un pays et que tu t'aperçois que ceux qui y vivent te ressemblent.

Leur évolution et la nôtre ne se comparent pas mais nos désirs, nos besoins, nos rêves, eux, s'apparentent au même idéal.

Etre heureux.

Ne pas souffrir.

Vivre en paix.

De vastes sujets pour de si petits voyages.

Pas après pas, ma maison sur le dos.

Mais d'autant plus de curiosité à les poursuivre pour espérer trouver des réponses.

Franchir des étapes.

Quitte à se mettre en danger.

Pour entendre l'alerte.

Ne pas tomber dans la faille.

Fragment 26

La faille du cairn

Je trépigne, je bous, je m'impatiente.

Je tourne en rond.

Le compte à rebours a commencé.

Suis sur les starting-blocks.

A deux semaines de partir.

Passée l'euphorie du « *ça y est c'est confirmé, j'y vais, youpiiiii, mon rêve devient réalité* », de préparer matériellement et physiquement cette expédition, vient un moment où il ne reste plus qu'à compter les jours.

Et ces jours-là, je le sais, sont cruciaux.

Emotionnellement.

Mentalement.

Intérieurement.

Les doutes, les peurs, les handicaps, que la joie de la préparation avait allègrement mis de côté, reviennent en force.

J'ai toujours eu ce côté « *Carpe Diem* » dans ma vie. Impulsive, enthousiaste, frondeuse, mais pas tête brûlée ! Ce qui fait qu'aujourd'hui, d'un coup, désœuvrée, je réalise ce que je m'apprête à faire : l'ascension de l'Aconcagua.

23 jours de grande aventure dans la Cordillère des Andes, avec pour seule ambition de voir le lever du soleil à presque 7000 mètres d'altitude.

Un défi, une quête, un rêve ? Certainement tout à la fois dans un seul et unique vœu : que Dame Montagne nous soit clémente et permette à notre arrogance terrienne de fouler son sommet.

L'Aconcagua.

Rien que prononcer ce nom est un challenge. Beaucoup l'ânonnent avant de bien le dire.

Un des « 7 summits » du monde. Une des innombrables perles de notre mère Gaia.

Et, à bien y penser, concrètement, maintenant que je n'ai plus que ça à faire, me revient en force une cohorte de « *Oui, Mais, Non, Si...* ». Toutes les mises en garde que m'ont faites les pros (*le vent, le froid, l'altitude, le Mal aigu des montagnes, MAM...*) et que j'ai balayées de mes citations préférées « *Carpe Diem – Inch Allah – Qui vivra verra - les jambes c'est dans la tête, etc.* ».

Bah aujourd'hui, 4 novembre 2013, suis toute seule dans mes baskets, et personne d'autre que moi à duper. Allons, du courage, ce n'est qu'un des nombreux épisodes de fébrilité que connaîtra mon chemin. Et celui-ci n'est pas le plus dur à vaincre.

Pour le commun des mortels, mes amis, ma famille, mon entourage, partir là-bas est un exploit, que je réussisse ou pas.

Pour un alpiniste avéré, tout juste une bagatelle, un amuse-bouche.

Mais pour moi, comme pour tout un tas de trekkeurs amateurs, un rêve tellement plus haut que nous, que, bien souvent, il en a fallu, des chemins, avant d'oser s'y confronter. L'Aconcagua aujourd'hui arrive après des centaines de kilomètres parcourus. Vous les connaissez à présent. De belles circonvolutions en terre lointaine, sur 10 ans, avant d'en arriver là, à 46 ans.

Ce n'est pas encore un âge rédhibitoire, mais tout de même. Il était temps !

Dire que c'est pour ça que je trépigne d'impatience, là, maintenant, y contribue sûrement en grande partie. Car ce rêve ne date pas d'hier ! Six ans que j'y songe, que je le repousse et l'ampute d'un quotidien et de choix qui m'en éloignent.

Depuis ma descente du Kilimandjaro en février 2006. A l'époque je ne savais même pas que je venais de fouler l'un des sept sommets du monde. J'avais pris un billet pour ce challenge comme on prend un ticket à la loterie, en me disant pourquoi pas. Je me trouvais sur terre un peu trop en bas de l'échelle, je voulais prendre de la hauteur.

J'avais, six mois auparavant, tâté le terrain au Népal, côtoyé un 5000 et l'ivresse des grands espaces m'avait piquée à un endroit du cœur qui réclamait depuis sa pitance aphrodisiaque.

Dès l'instant où je me suis écroulée en larmes en haut du toit de l'Afrique, j'ai su que je recommencerais.

Ce n'était pas seulement la victoire, bien qu'incontestablement ce moment-là devienne une seconde d'éternité à partir de laquelle plus rien n'est pareil. Mais c'était aussi et surtout tout, absolument tout, ce qui accompagne cette expédition.

Du rêve que l'on fait d'après une photo à l'autographe qu'on signe en bas d'une simple feuille chez un voyagiste accrédité. La préparation avant départ. Le départ. L'en chemin... Le jour J, des premiers pas à la dernière minute. L'instant T. La redescente et le retour.

Il y a, dans ces espaces réunis, tout un panel d'émotions décuplées, fragilisées, exacerbées. Un concentré puissance mille fait de doutes et de croyance, de larmes et de rire, de fraternité et de solitude, de rêve et de réalité, de peur et de confiance, de limites et de possibles, de froid et de sueur, d'euphorie et de tristesse, de fatigue et d'énergie, d'humilité et d'arrogance.

Beaucoup de violences faites au corps, mais tellement de pulsions de vie faites à l'âme.

Je connais des tas de gens qui ont fait le Kilimandjaro et s'en sont contenté.

Moi pas.

Le problème avec une victoire comme celle-là, pour nous simples trekkeurs, c'est que, soit elle devient une exception, un joyau qui se suffit à lui-même, sur lequel on peut s'appuyer à tout moment de la vie, tant il offre de certitudes à notre volonté de réussite, et donc qu'on hésite à remettre en jeu.

Soit elle se mue en véritable tremplin et l'engrenage est sans limite.

Dans tous les cas, vouloir la supplanter, c'est prendre le risque d'échouer. Ou de réussir.

Le pari que je prends depuis que j'ai chaussé des chaussures et entrepris de visiter le monde.

Petit aperçu en chiffres :

- 23 jours d'expédition au départ de Paris
- 6 garçons, une fille (encore moi) et la guide
- Environ 30 heures d'avion aller-retour
- 2 nuits dans les avions – 6 à l'hôtel – 1 en centre de vacances et 13 sous la tente
- 4 nuits à 5000 m et plus
- 60 heures de marche environ
- 5380 m de dénivelé positif/négatif
- 4/5 visites médicales (pouls, tension, taux de saturation…)
- 4/5 litres de liquide à boire chaque jour afin de lutter contre le MAM et la déshydratation
- L'apprentissage du « je fais pipi dans une bouteille » la nuit sous tente sous peine d'un filet d'urine réduit à l'état de stalactite
- la vision de 2 ou 3 cadavres de mules dont il ne reste que quelques os blanchis (tête et cage thoracique) ainsi que les décombres d'un ancien refuge (de pierre et de brique) détruit par une avalanche.
- Des petits névés vicelards car très dentelés, qu'on appelle des « pénitents », qui peuvent faire plus de 50 cm de haut et rendre la marche très difficile
- De fortes rafales de vent à décorner les biques ainsi qu'une belle flopée de nuages lenticulaires

- La présence de condors en descente, signe évident de mauvais temps

Le tout contenu en un seul chiffre clé : 6962 mètres : le sommet.

Et au final, cerise sur le gâteau, un obstacle de taille : une alerte météo sur 5 jours avec des vents pouvant atteindre les 110/120 km/h.

Fin du voyage.

Tout le monde descend.

Première grogne aussi spontanée que débile et mesquine : 23 jours, cinq mille euros foutus en l'air, pour rien. Merde, merde, merde.

Deuxième réaction, trente minutes plus tard : oui, mais putain, quelle aventure !

Troisième, quatrième, sixième… dixième réaction plus loin : le récapitulatif de tous les bons moments et des « ah, ouais, et ça, tu te souviens… ». De francs éclats de rire, le sentiment d'être vivants, sans bobos, quand certains sont rapatriés en hélicoptères (œdème pulmonaire) ou redescendent avec des engelures et des céphalées mirobolantes.

Cette défaite (échec, frustration ?) a-t-elle changé mes ambitions ?

Oui et non.

Oui parce qu'au-dessus de 5 500 mètres, j'ai connu le MAM dans une version trash.

Vomissement, diarrhées, maux de tête, insomnie, vertiges, etc.

Je n'arrivais plus à boire ni à manger. L'impression que mon corps refusait tout, même la vie et que si je ne redescendais pas dans la minute, j'allais tuer quelqu'un.

Si mon JP était encore là, il vous dirait la belle giclée d'insultes qu'il s'est pris dans le pif à vouloir me faire boire.

Et puis, non, puisque 500 mètres plus bas et après une nuit de repos, je voulais redémarrer.

Quand j'ai vu arriver mes compatriotes, dépités, j'ai su que mon arrogance avait trouvé ses limites.

Quelques efforts que j'étais prête à mettre dans la bataille, le verdict était sans appel.

Plus personne ne monte. Et même, tout le monde redescend, fissa.

Nous avions réalisé 4 sommets (3800 – 4010 – 5000 – 5900), marché pendant des jours, attendu des journées entières de repos à contempler le mastodonte et il nous passait sous le nez, arrogant, insaisissable, ténébreux.

Il fallait être bon joueur, heureux malgré tout.
Devenir humble.

Dans son attitude la plus juste.

Par laquelle on ne se place pas au-dessus des choses ou des autres et par laquelle on respecte ce dont on a été gratifié. L'humilité n'étant pas une qualité innée, j'ai dû batailler avec ma déception, un peu de colère et beaucoup de tristesse.

C'était tout au plus une façon de voir les choses. Une prise de conscience quant à ma condition, ma place au milieu des autres et de l'univers. Un chemin de maturité affective et spirituelle. J'avais fait un grand tour de manège et on m'avait privé de pompon.

Et oui, ça arrive. C'est ainsi. Au regard de l'expérience vécue, ce n'était pas si grave.

Seuls ceux qui n'essaient pas échouent toujours.

Il y aura d'autres chemins, d'autres défis.

Peut-être moins hauts, plus près mais la route n'était pas coupée.

L'Aconcagua n'avait pas déséquilibré mon cairn. Il avait fait taire mon arrogance. M'avait donné une sacrée leçon.

Offert une pépite essentielle : l'humilité.

En bonne place sur mon Mont de Joie au même titre que mes réussites et mes deuils, elle ouvrait la voie à d'autres chemins.

Ceux que je nomme mes sauts de puce.

Fragments 28 à 31

Les sauts de puce

De l'Arménie à la Pologne en passant par la Jordanie, Madère et la Norvège.

Physiquement, émotionnellement et surtout financièrement, il faut du temps pour se remettre d'une telle expédition.

Tellement, d'ailleurs, qu'y retourner n'est toujours pas à l'ordre du jour.

La raison financière est évidente, cruciale même et pourtant pas déterminante. La disponibilité, oui. Dès le retour, ma vie, mes contraintes et mes exigences sont mobilisées sur d'autres projets.

Il faut donc prioriser.

Bilan, je n'aurai à chaque fois que de petites lucarnes pour m'échapper et continuer de crapahuter le monde.

Mais cela tombe bien en fait. Je me suis fait mal là-haut et pour un temps, je sens que j'ai envie de douceur.

Toujours autant envie de marcher mais pas de façon aussi radicale et intransigeante.

En tout cas pour le moment.

Et c'est ainsi que sur cinq ans, je vais découvrir à raison d'une semaine par an, cinq pays dont je n'aurais jamais pensé un jour que j'y mettrais les pieds. L'Arménie, la Jordanie, Madère, la Pologne et la Norvège.

La liste idéale que j'ai établie au cours de mes voyages précédents devra attendre. Trop loin, trop cher, trop long. Trois essentiels que je ne possède pas quand mon besoin de repartir se fait urgent.

Et donc vive les compromis. Qui se révèlent être du tonnerre de feu.

Ces cinq sauts de puce, destinés à recharger mes batteries psychiques, intellectuelles et corporelles sont en réalité des joyaux.

Des joyaux à portée de main. D'une richesse culturelle éblouissante, surprenante et remplie de ce Rire du Monde qu'on ne rencontre pas après 5 000 mètres d'altitude. Les arméniens, entre autres, sont d'une telle gentillesse, d'une telle disponibilité.

Des joyaux accessibles à tous ou presque.

Physiquement, Madère et la Pologne en condensé sur une semaine, c'est du lourd. Prévoir au retour des genoux de rechange et une nouvelle paire de mollets. Quant au vertige, finie la nonchalance du Lou. Moi qui me croyais à l'abri, couic l'artiste ! Mais leur montagne est un bon terrain de jeu pour qui veut se muscler le fessier. Tellement plus sain que s'enfermer dans des complexes saturés de sueur.

Quant à la Jordanie, waouh. Retrouver le désert et entrer dans Pétra, c'est un hors temps qui rachète de toutes les saloperies du monde.

Une pure merveille !

Tout autant que la Norvège, d'ailleurs. Immensément minéral, sauvage, rocheuse, glissante, pluvieuse et un tantinet frisquet, même en plein été. Avec ses lumières dansantes sur les fjords et son « Trolltunga » vertigineux.

Cinq échappées belles qui permettent, en plus, de relativiser considérablement sa place dans le monde.

Savez-vous que partout ailleurs qu'en France, nos voisins croient que chez nous la vie est belle.

Et vous savez pourquoi ?

Parce que c'est vrai.

Elle pourrait certes être mieux, et évidemment qu'il y a des inégalités, mais franchement, on n'est pas les plus démunis.

Nous au moins on peut se battre. S'offrir le luxe de la contestation. Entrer et sortir du pays. On en a même le devoir, devrais-je dire. Ils sont tellement heureux de nous recevoir. Tellement fiers qu'on s'émerveille de leur richesse.

Et moi à ce point enthousiaste que je continue avec vous mon périple et vais cueillir au Sri Lanka la pierre anniversaire que mes amis ont bien voulu m'offrir pour mes 50 ans.

Fragment 32

La pierre anniversaire

L'Asie du Sud, enfin. Un continent inconnu de moi, que je fantasme depuis des années et qui m'est offert en cadeau.

Vive la cinquantaine !

Suis pas encore trop abimée et mes jambes devraient pouvoir y survivre.

Un espace-temps de 15 jours, rien que pour moi, vers l'autre : un peuple d'une grande diversité culturelle, religieuse et linguistique, à la bonne humeur contagieuse.

Une île où la chlorophylle est reine et où rien n'arrête le regard. Des kilomètres à bouffer du vert, du beau, du chaud.

Au diable les sangsues, particulièrement avides de mon sang et pfff, les milliers de marches à gravir. Bienvenue aux cueilleuses de thé, aux bambins rieurs et au regard curieux que notre peau blanche ne cesse d'éveiller.

Vive cet orage diluvien qui nous cueille en pleine ascension alors que le gîte d'étape est encore à deux heures de marche au moins. Ici la pluie est un déluge qui ravine les chemins, crée des torrents de boue et te liquéfie le corps jusqu'aux sous-vêtements.

Merci à cette nature luxuriante qui interpelle ta mémoire et tes connaissances. Faune et flore se dressent devant toi à chaque pas, t'obligent à lever la tête, à faire silence, à tendre le cou.

Excellents, ces imprévus qui t'enhardissent à circuler en train, tuk-tuk, vélo, bus locaux.

Etonnant, cette colonne de militaires au détour d'un chemin, qui se jettent sur toi pour faire des selfies.

Mémorable cette soirée impromptue en gîte à chanter et danser au son du sitar

Hallucinante cette ascension du légendaire Adam'peak. 5300 marches à grimper de nuit et des milliers de pèlerins, tous âges confondus. Du nouveau-né accroché au sein de sa mère au vieillard soutenu par ses petits-fils. Une colonne d'humains que ni la foule, ni l'heure tardive, ni le froid, ni les longues heures d'attente et de marche, n'interrompent. Qui iront, quels que soient leur âge, leur sexe, leur handicap porter l'offrande là où selon la légende, le premier homme a mis le pied sur la terre. Et qu'importe qu'au vu de l'affluence, nous ayons dû céder la place et s'arrêter à 200 mètres du but. Vivre une partie de la nuit dans une telle effervescence est un immense cadeau. Un symbole de partage et de dévotion incroyable.

Magnifique encore cette visite du Jardin botanique de Kandy. Ou celle du Temple de la Dent, du Rocher de Maningala, De Dambulla et son temple d'or, des ruines de Polonnaruwa et enfin de l'ancienne forteresse de Sigirîya.

Des merveilles à fouler, marche après marche, kilomètre après kilomètre, sous un soleil de plomb et une moiteur dégoulinante.

Déstabilisant ce mini safari éléphant au milieu d'une cohorte de 4x4 et tellement touchant d'assister à leur parade amoureuse.

Epoustouflant ces gîtes perdus en pleine nature. Cadre idyllique et sauvage aux couchers de soleil saisissants.

Ahurissant de se retrouver 10 jours plus tard, en bord de mer et en ville.

Difficile de renouer avec le bruit, la multitude et les cabanes à touristes. Que ramener d'autre à ceux qui m'ont offert ce joyau, qu'un torrent de souvenirs accrochés à mon sourire, peints dans le fond de mes yeux, ancrés dans mon cœur.

Une gratitude infinie pour eux et l'équipe sur place d'avoir rendu ce voyage possible. D'avoir pu pénétrer un peu plus loin encore dan ce monde. D'y avoir cueilli des denrées rares.

Cette certitude que partout où l'on va, une partie de nous y survit. Qu'il n'y a pas mieux que voir de ses propres yeux.

Même si ces voyages nous cachent les exactions et certaines réalités (économiques et sociales) dramatiques, nous ne rentrons pas aveugles. Il suffit d'ouvrir les yeux, de tendre l'oreille, de poser des questions en apparence anodines et la vérité se dessine.

Hommage XXL à ces cueilleuses de thé pour ne citer qu'elles. Si je vous demande expressément de savourer votre prochain thé en pensant à la somme de travail que cela représente, le ferez-vous ?

Si je vous console en promettant que nos échanges ont été honorés de présents, me croirez-vous ?

A tel point, que moi l'écrivain, ait distribué tant et tant de stylos, qu'en milieu de parcours, je n'ai même pas su en garder un pour moi. Et que, ce que je vous écris, tiraille ma mémoire de poisson rouge, faisant ainsi honneur à la mémoire des sens.

Ainsi, partout, tout le temps, surgissent devant mes yeux des flashs de tous ces jours passés à parcourir le monde.

Grisée par cette myriade d'expériences, frustrée de ne pas avoir osé plus tôt, je trépigne d'impatience de repartir, encore et toujours même si je sais déjà que je n'aurai pas assez de cette vie pour en faire le tour.

Heureusement qu'il existe des alternatives, des compensations, des circonvolutions créatives.

Ces petits galets de plaisirs innocents qui œuvrent à grossir le cairn, le stabiliser, l'arrondir, le faire grandir.

Mille autres trésors à découvrir, tout simplement, sur le chemin de la vie.

Fragments 33 à l'infini

Sur le chemin de la vie

33 à l'infini/
Sur le chemin de la vie

Je fais ici honneur à toutes ces fenêtres qui s'ouvrent le temps d'un weekend, d'une virée, d'un pont, d'une opportunité.

Sans ordre de préférence ni considération d'importance.

Juste parce que l'occasion s'est présentée et que l'autre n'est jamais loin pour qui veut s'en donner la peine.

En France, d'abord. Etretat, le Queyras, Annecy, la Camargue, les Alpes, les Pyrénées.

Un tout petit peu à côté. La Suisse. Amsterdam. Ténériffe. Vienne. Barcelone. Florence. Pise. Sienne.

Des envolées pour respirer un autre air et dépayser le citadin cerclé à son bureau. Des tests pour s'essayer à l'escalade. Rompre ce satané virus du vertige. Continuer d'entretenir ce corps offert le temps d'une vie.

Et, bijou des bijoux, une alternative au manque de moyens qui oblige trop souvent à remettre à plus tard bon nombres de projets :

Accompagnatrice de montagne en Joëlette.

La formule idéale pour relier toutes les envies et la bonne cause. Pendant une semaine ou dix jours, vivre l'aventure du trek avec des personnes en situation de handicap.

Un sacré pari d'endurance, tant physique que psychologique et une aventure humaine hors du commun.

Des pépites de lumière au milieu du cairn. Des copains d'aventure en veux-tu en voilà. Et quelques kilomètres au compteur de l'amitié et du partage.

Pour les citadins nomades et solitaires rebelles dont je suis parfois, pas de panique à cette débauche d'affluence. Il reste une roue de secours, quasi orgasmique : Paris, la nuit, à vélo. Un très joli pavé dans la mare du cairn.

Une autre dimension que d'arpenter sa cité au milieu des boulevards, en ignorant les feux rouges et les sens interdits. Sans avoir à jouer des coudes et à respirer les pots d'échappement.

Dans ces moments-là, Paris m'apparait comme un village endormi. Un simple village dont la nuit aurait absorbé le bruit, l'agressivité, la multitude. Qui révèlerait enfin toute la grandeur de son architecture, en distordant toutes ses proportions.

C'est un magnifique théâtre Paris, un puissant vecteur d'imagination. Rouler dans sa nuit ou aux petites heures de l'aube transforme la vision que j'en ai. Luciole naviguant entre ombres et lumières, j'y découvre à chaque fois une nouvelle version. Comme si d'heure en heure, elle avait le pouvoir de faire de moi un prince ou un mendiant.

Ce sont là des joies toutes simples. Qui encouragent à prendre une place et à en faire son territoire personnel. Pendant une heure ou deux, lui appartenir autant qu'elle m'appartient. Se laisser griser par ses monuments, son fleuve, ses mille et une étincelles de vie aux fenêtres. Et rentrer dormir, repue de son énergie, bien avant qu'elle ne se réveille et m'engloutisse à nouveau.

Et ce, ici ou là, jusqu'à l'infini du temps imparti. Continuer de voyager le monde.

Qu'il soit à notre porte ou pas.

Prendre le risque. Le temps d'une vie.

Oublier l'éphémère.

Et rencontrer le Rire de monde.

GAÏA, notre terre mère !

***

Alors, vous partez où et quand ???

BONUS

Juste au sortir de la Covid, être en apnée et n'avoir qu'une envie.

Partir.

Repartir.

Encore.

Découvrir un peuple assoiffé de rencontres, tellement heureux qu'on aille jusqu'à eux. Dans ses villages les plus reculés. Bien au-delà des terres touristiques.

Bali, sa magnificence, ses verts en cascade…

Et ses sourires…

Grand comme le monde.

USA

Le voyage d'une vie.
Un rêve de gosse.
Le grand ouest américain.
Ses parcs Mythiques.
Un road trip de 21 jours.
Epoustouflant.

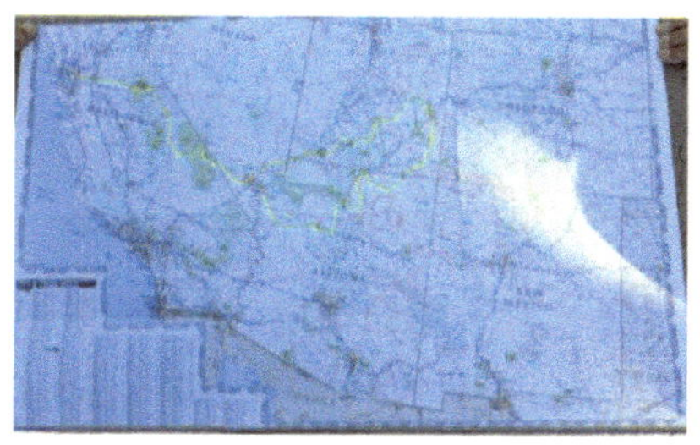

Bryce Canyon

Glen Canyon Dam Overlook

Grand Canyon

Mono Lake

Remerciements

J'offre ma gratitude infinie à tous les guides qui m'ont ouvert la voie.

A ma tribu, évidemment, présente en continu. Infaillible.

A vous tous, qui me lisez, et ce, quel que soit le chemin de mes écrits.

Et enfin, aux ailes du désir, grâce à qui, parfois, je peux voler quelques heures d'éternité.

***

Tout est toujours sur mon site :

https://www.louvernet.com

Ou sur FB :

https://www.facebook.com/RomanLouVernet

Et même par mail :

louvernet67@gmail.com

N'hésitez pas à laisser vos commentaires :
Sur FB ou sur les sites :
Amazon.fr – Fnac.com – Babelio.com – etc…